LE
CONGRÈS CONTINENTAL

PARIS

IMPRIMERIE DE L. TINTERLIN ET Cᵉ

Rue Neuve-des-Bons-Enfants,

LE

CONGRÈS

CONTINENTAL

PARIS

E. DENTU, LIBRAIRE-ÉDITEUR

GALERIE D'ORLÉANS, 17 ET 19, PALAIS-ROYAL

1864

Tous droits réservés

LE
CONGRÈS CONTINENTAL

I

La guerre était, il y a deux mois à peine, le sujet de toutes les conversations. Les timorés la redoutaient, les ardents l'appelaient de tous leurs vœux, tous y croyaient; et le printemps était chargé de réaliser les craintes des uns, les espérances des autres, les croyances de tous. L'Europe n'avait plus qu'un trimestre pour se recueillir et se préparer aux armes.

Depuis le 5 novembre, le Congrès a remplacé la guerre, non que la parole impériale ait résolu tous les problèmes que la guerre devait trancher, comme le glaive d'Alexandre trancha le nœud gordien; mais elle a déplacé les questions, elle les a ajournées, elle les a endormies, elle a déconcerté en un mot toutes les opinions. Il n'est donc pas surprenant qu'on parle du Congrès.

Qu'est-ce, en effet, que le Congrès, dans la situation présente des affaires de l'Europe? A en croire les uns, « c'est une tactique; » à en croire les autres, « c'est une utopie. » Si c'étaient là nos impressions, nous n'aurions qu'à garder le silence. Mais, à notre sens, les uns calomnient une noble initiative, et les autres en ont peur. Ceci nous engage à prendre la parole.

II

Et d'abord, le Congrès est-il une tactique? Cache-t-il un but détourné, et lequel ?

La France, par des raisons que nous n'avons pas à juger ici, a cherché à s'entendre avec l'Angleterre et l'Autriche, pour exercer sur le Gouvernement russe une pression diplomatique au sujet des affaires de Pologne. Elle n'y a point réussi; l'entente commune a avorté, l'action diplomatique a échoué. L'Autriche, directement engagée par la Gallicie, a craint les représailles et s'est prudemment abstenue. L'Angleterre, qui n'aime apparemment la Pologne qu'à travers sa vieille jalousie contre l'influence française, a déclaré, selon une expression qui lui est devenue familière, qu'elle ne donnerait ni un soldat, ni un écu. La France, qui n'a aucun intérêt direct à sauvegarder, qui est à la fois dévouée à la Pologne et sympathique à la Russie, s'est trouvée tout à coup isolée et menacée, par la retraite ou les variations de ses alliés, de porter seule, aux yeux de l'Europe attentive, le poids des tergiversations de l'Autriche et de la duplicité de l'Angleterre.

Qu'y avait-il à faire ? Se retirer ? C'eût été plus qu'une légèreté, c'eût été une faute ; la dignité du pays ne le permettait pas. Guerroyer ? C'eût été une imprudence ; une défaite eût compromis l'ascendant moral de la France, une victoire eût réveillé toutes les susceptibilités de l'Europe.

L'Empereur a fait à l'improviste un coup de maître. Au lieu de se retirer, au lieu de guerroyer, il a convié l'Europe à un Congrès pacifique ; il a convoqué tous les Souverains, sans définir ou circonscrire le débat ; il les a engagés amicalement, dans un langage à la fois ferme et mesuré, à soumettre à un arbitrage commun toutes les questions qui agitent les esprits et troublent le repos des peuples.

Si c'est là une tactique, il faut convenir qu'elle est deux fois habile, et par la forme qu'elle a revêtue, et par le mode qu'elle propose. Mais peut-on appeler tactique une déclaration solennelle, faite en présence des grands corps de l'Etat, répandue à profusion dans les profondeurs du pays, et renouvelée officiellement devant tous les Princes de l'Europe, dans une lettre autographe, qui demeurera un monument historique ? Singulière tactique, si elle n'allait droit au but, que celle qui consisterait à dire nettement sa pensée, à la développer, à la motiver, à prendre le monde tout entier pour témoin !

Quel but détourné peut cacher la réunion d'un Congrès général, puisque chaque Souverain peut y discuter ses propres intérêts, y exprimer ses opinions personnelles, y nouer les alliances qui lui seront profitables, y voter selon son intelligence ou ses convictions, puisque les projets de l'initiateur peuvent être repoussés par la majorité des Princes ?

L'Empereur voulait-il la guerre ? La guerre était-elle fatalement au bout de toutes ses résolutions ? Si cela était, à quoi bon un Congrès ? Les souvenirs de l'Italie n'étaient pas si loin déjà. L'Empereur n'avait qu'à donner l'ordre à l'armée d'entrer en campagne ; et elle eût marché , les uns auraient suivi la France, sans doute , les autres l'auraient combattue , quelques-uns eussent gardé la neutralité, et Dieu eût décidé de la victoire. Si l'Empereur a fait appel à un Congrès, s'il a mieux aimé prendre l'avis de tous les Souverains, c'est qu'il n'a pas voulu, c'est qu'il ne veut pas la guerre, et la France ne la veut pas plus que lui ; et, quand la France déclare hautement qu'elle ne veut pas la guerre, on doit la croire sur parole.

L'Empereur espérait-il, en proposant le Congrès, qu'on refuserait ses ouvertures, et qu'il aurait ainsi l'heureuse chance de sortir d'une position fausse et de couvrir, par une savante diversion, une retraite embarrassante? A voir le retentissement de la proposition, le sens des réponses de la plupart des Souverains, la persistance des démarches, les notes diplomatiques qui s'échangent, nul n'oserait le penser. L'Empereur a eu foi au Congrès, il l'a proposé avec l'intelligence du but, avec l'espérance du succès, avec la conscience d'un grand devoir accompli ; et, malgré les habiles, la France a applaudi à un appel chevaleresque qui va à sa nature.

Non, le Congrès n'est pas une tactique. Mais est-il une utopie?

III

Les praticiens politiques, les Anglais l'ont déclaré : « Le Congrès est impraticable. et cela par les raisons suivantes : Un Congrès ne s'est jamais rassemblé que pour un objet parfaitement défini, lorsqu'il s'agit par exemple, après une guerre, de régler les conditions de la paix. — Un Congrès, convoqué en temps de paix, est une dérogation aux errements de la diplomatie, et partant un non-sens. — Les Souverains ne consentiront jamais, sans y être obligés par la voie des armes, à laisser porter devant le tribunal de leurs pairs ceux de leurs actes qu'on serait disposé à incriminer. — Le consentement des Souverains, s'il était une fois acquis, demeurerait subordonné à des réserves et à des arrière-pensées, qui neutraliseraient inévitablement l'effet des décisions prises.—Le contact direct des parties ne servirait qu'à faire naître des irritations et des conflits et à créer des inimitiés plus profondes, d'où la guerre jaillirait plus prompte et plus terrible que jamais. »

Et les Anglomanes, qui pullulent dans notre belle France, d'opiner comme leurs maîtres et de s'écrier comme eux : « Le Congrès est une utopie. »

Et les hommes d'opposition systématique, qui placent leurs rancunes bien au-dessus de la grandeur et du repos du pays, de répéter comme les Anglomanes : « Le Congrès est une utopie. »

Et les frondeurs, qui ne perdent pas même leur temps à avoir une opinion, mais qui s'estiment heureux de faire de l'esprit devant témoins, même aux dépens de l'honneur national, de répéter comme les hommes d'opposition : « Le Congrès est une utopie. »

Tenez pour certain que, lorsque le peuple anglais se met en tête une opinion, que, lorsque le Gouvernement britannique prend une décision, c'est que cette opinion, c'est que cette décision est anti-française ; nos bons voisins ne se font faute de l'avouer en leurs jours de joyeuseté.

Tenez pour certain que, lorsque les Anglomanes font une irruption dans le domaine politique, c'est que l'esprit de parti s'agite et parle par leur bouche; car la servilité de leur imitation a étouffé en eux la délicatesse du patriotisme et l'émotion des grandes choses, ce que les Anglais appelent dérisoirement « le sentimentalisme français. »

Tenez pour certain que, lorsque les hommes d'opposition systématique s'attachent à un acte du Gouvernement, quel qu'il soit, et le critiquent, c'est que cet acte dérange leurs combinaisons ou leurs espérances secrètes; il en a été ainsi dans tous les temps et sous tous les régimes.

Tenez pour certain enfin, que lorsque les frondeurs s'attaquent à une question politique, morale ou religieuse, c'est que cette question a une haute portée, c'est qu'elle contient en elle le germe d'une solution inespérée, c'est qu'elle est destinée à remuer le cœur du pays ; l'esprit frondeur a toujours été et sera toujours l'un des attributs essentiels du caractère français.

Qu'il soit donc permis à un Français qui n'est ni Anglomane, ni systématiquement opposant, ni frondeur, à un homme qui n'a rien à désirer ni à attendre personnellement du Gouvernement impérial, mais qui aime passionnément son pays, de prendre fait et cause contre les praticiens de l'Angleterre et contre ceux qui font chorus avec eux, et de leur dire franchement :

Non, le Congrès n'est point une utopie; mais le Congrès n'est point ce que vous croyez, n'est point ce que vous dites.

I V

De quoi s'agit-il ?

S'agit-il, en évoquant toutes les causes en litige, de soumettre tous les Souverains à une pression obligatoire, de les asservir aux volontés et aux convenances des plus forts? S'agit-il de distribuer doctrinalement des blâmes ou des éloges, de prononcer des amendes et des confiscations, d'exiger des restitutions, d'ajoûter par ici, de retrancher par là, et de refaire ainsi, comme on l'a dit, la carte de l'Europe ? S'agit-il en un mot de transformer un Congrès volontaire et pacifique en Cour d'assises de diplomatie souveraine, condamnant ou absolvant à son gré et jugeant en dernier ressort ? Pas le moins du monde. Qui y consentirait, qui y a songé ?

Il s'agit tout simplement de poser un principe de droit public et d'asseoir l'équilibre futur de l'Europe conformément à ce principe ; il s'agit de faire participer à cette œuvre d'intérêt général et commun, ce qui n'a jamais été fait jusqu'ici, l'universalité des Souverains, petits et grands, solidarisés dans la mesure des droits, des intérêts et de l'influence légitime de chacun d'eux ; il s'agit d'invoquer le consentement de tous et de chacun pour chaque solution partielle ou générale, en faisant ainsi que toute question, même la plus minime en apparence, arrive dans sa plénitude, et avant qu'elle ait été dénaturée par les passions locales, devant l'aréopage des Souverains, de telle sorte que la justice serve désormais de fondement aux prétentions des peuples et au repos de l'Europe.

Or, comment formuler, comment appliquer ce principe ?

Si le droit des gens, qui garantit l'humanité contre toute surprise, est régi par la morale, les droits politiques de chaque nation sont réglés conventionnellement par des traités. Mais ces traités, issus de la guerre et inspirés par elle, imposés par les uns et subis par les autres, n'ont pas toujours été des modèles de stricte justice et de modération. De là des restrictions, des explosions du sentiment national, des empiètements et des luttes, qui, en troublant la paix publique, ont le double inconvénient de porter atteinte à l'autorité morale des traités. Bientôt les faits se trouvent en complet désaccord avec la règle écrite, qui finit par devenir l'exception et par tomber en désuétude. A qui recourir ? Aux intéressés nécessairement, puisque eux seuls sont intervenants. Comment s'entendre alors et comment éviter l'appel aux armes, suprême argument de ceux qui ne s'entendent pas ?

Tel est le cercle vicieux dans lequel s'est mue jusqu'ici la politique européenne : En cas de contestation, l'amour-propre national ; en cas de conflit, la guerre ; en cas de guerre, pas d'arbitre de paix. L'harmonie et la prospérité des nations sont ainsi remises en question à chaque révolution intérieure, à chaque bouleversement partiel, à chaque éruption d'ambition personnelle, et cela faute de règle supérieure, faute de principe positif ; et il suffit, pour que les embarras commencent, que les susceptibilités de l'opinion entrent en révolte contre des traités qui froissent ses instincts ou qui n'ont pas été sanctionnés par tous.

Le principe de droit public est donc facile à déduire : charger tous les Souverains, réunis en assemblée régulièrement constituée, de sanctionner en corps, dans une forme déterminée d'avance et par tous invocable, tous les traités qui doivent régir l'Europe, de légitimer tous les faits nouveaux qui se produisent, d'apaiser tous les conflits qui surgissent, de juger tous les débats irritants qui divisent les États, de devenir ainsi en toutes circonstances solidaires de la paix et de l'ordre européen ; — ne permettre subsidiairement les prises d'armes et n'y participer que lorsque tous les appels pacifiques auront été épuisés, que lorsque toutes les voix autorisées se seront fait entendre, et rendre par là les plus ardents et les plus indisciplinés rationnellement et personnellement responsables des événements.

Si c'est là une utopie, nous avouons franchement que nous ne comprenons plus rien aux choses de ce monde ; si c'est là une utopie, il faut nier résolument le progrès des institutions humaines.

Comment, vous attendrez, pour solidariser tous les peuples et tous les Souverains en leur nom, pour formuler et promulguer un principe de droit public, qui donne à toutes les conventions, afin qu'elles demeurent inviolables, la sanction du juste et du vrai dans l'ordre moral et dans l'ordre matériel l'assentiment et le respect de tous, vous attendrez qu'une conflagration générale ait éclaté et que le sang ait coulé à flots ! Et vous demeurerez les impassibles témoins de cette tuerie d'hommes, uniquement pour donner satisfaction à des axiomes de philosophie douteuse, qui veulent que des traités suivent la guerre et ne la précèdent pas, qui veulent que les conditions de ces traités soient la manifestation des intérêts ou des volontés du vainqueur, au lieu d'être la représentation du droit et de la justice ! Si vous considérez comme utopistes ceux qui cherchent à prévenir des luttes sanglantes et impies, ou à les modérer, de quel nom vous appeler, vous qui attendez sans sourciller que les combattants soient morts ou mourants pour leur porter secours ?

Et qu'importe que la vieille Europe n'ait point agi de cette façon ! Qu'importent les traités d'Utrecht et de Westphalie, que vous remettez en lumière, qu'importent même les traités plus récents de 1815, si les principes, si les faits qu'ils ont consacrés parmi les générations éteintes n'ont plus de valeur pour nous ! Qu'importe une innovation de plus dans ce dix-neuvième siècle, qui dévore le temps et l'espace, et qui prétend dérober le feu du ciel ! Pourquoi la politique serait-elle mise hors la loi du progrès ? La diplomatie serait-elle donc condamnée à perdre son prestige, par le seul fait qu'elle obéirait à une règle positive, par le seul fait qu'elle échapperait aux habiles pour passer aux honnêtes, et qu'elle s'inspirerait désormais, par la force des choses établies, des grands enseignements du spiritualisme chrétien, que vous invoquez vous-mêmes avec retentissement toutes les fois qu'ils peuvent justifier vos résolutions pratiques ?

V

« Nous nous inclinons pieusement, dites-vous avec componction, devant ce magnifique langage. Interprète vénérée des sentiments du peuple anglais, notre reine bien-aimée ne vous l'a-t-elle pas déclaré dans une lettre courtoise, où elle a laissé déborder toute la générosité de son cœur ? Ah ! s'il ne s'agissait, comme vous le dites, que de poser de concert un principe supérieur et général, s'il ne s'agissait que de substituer désormais l'arbitrage de tous aux prises d'armes spontannées, des assemblées préventives aux colères irréfléchies ou aux exigences démesurées, qui de nous ne s'estimerait heureux et fier d'attacher son nom à une œuvre aussi grande, qui de nous songerait à s'abstenir ?

« Mais, ajoutez-vous aussitôt, nous sommes, avant tout, des hommes de gouvernement, nous avons l'habitude des affaires, nous savons mieux que personne comment on les conduit. Nous vous avouerons donc en toute sincérité que, si les principes servent généralement de règle à nos décisions, nous nous trouvons bien souvent contraints, à notre corps défendant, de les faire plier devant la rigoureuse inflexibilité des faits. » A la bonne heure ! Voilà qui est parler. Eh bien ! soit. Nous vous suivrons sur le terrain des faits. Procédons par ordre.

En prenant l'initiative de cette grande réforme, nous dirons volontiers de cette révolution diplomatique, l'Empereur a compris que, dans l'état actuel des sociétés européennes, il n'y avait plus ni grands ni petits États, ni forts ni faibles, mais seulement des États Souverains, égaux en droit. Il a compris que, la souveraineté étant une partout, quelle que fût la forme du gouvernement, le nom du souverain ou le chiffre minime de la population ne devait, en saine doctrine, porter aucune atteinte à la plénitude des droits politiques. Dans cet ordre d'idées, l'exclusion des petits États, des faibles, tenus jusqu'ici en dehors des grands conseils où se débattent les destinées communes, a constitué à ses yeux une atténuation inique et injurieuse, une espèce de confiscation des droits inhérents à la souveraineté.

La lettre de l'Empereur a donc été adressée à tous les Souverains de l'Europe, à ceux qui étaient engagés par les traités de 1815 comme à ceux qui y sont demeurés étrangers, à tous ceux, en un mot, qui, par leur intervention directe et leur solidarité, reconnues par lui indispensables, doivent désormais grouper en faisceau indissoluble tous les intérêts et tous les droits, et servir ainsi de lien matériel et de caution morale au nouveau droit européen. Les réponses des Souverains démontrent sans réplique que ce premier appel à la logique et à l'équité, disons aussi aux nécessités politiques de l'époque, a été compris de chacun d'eux. De la part des États secondaires on devait s'y attendre, c'était leur créer un droit. Mais l'assentiment des grandes Puissances, inspiré et dicté par un remarquable esprit de modération et de justice, leur condescendance à l'égard de l'égalité politique, fait nouveau et considérable, est et demeurera l'un des signes caractéristiques de notre temps.

Il y a dans la succession des périodes humanitaires des heures précises, où les perceptions morales deviennent plus nettes et plus saines, où le voile qui dérobait la transformation des idées par lesquelles le monde se régit, se déchirant tout à coup, les nations et ceux qui les gouvernent sont, pour ainsi dire, inondés par les vives clartés du juste et du vrai, et, sans jeter l'anathème à un passé qui ne leur appartient plus, s'avancent de concert dans les voies de l'avenir. Serions-nous, par hasard, sans nous en douter, à une de ces heures de maturité où le vieux monde se rajeunit sans résistance et sans secousse; et le bien naîtra-t-il, comme par enchantement, de l'inextricable chaos où nous semblons nous agiter sans issue depuis près d'un siècle? Nous n'oserions l'affirmer. Est-il défendu de l'espérer, de le désirer du moins?

Toujours est-il que c'est un premier point hors de discussion, et à notre avis un point important : Dans l'opinion de tous les Souverains comme dans celle de tous les peuples, le vieux droit européen est injuste, et par la forme même des traités qui le consacrent et par la pression exercée jusqu'ici par les grandes Puissances dans toutes les questions qui surgissent, pression qui impose aux États secondaires des obligations dont ils ne peuvent débattre le principe. A ce point de vue, personne ne le conteste, il y a lieu de procéder à la constitution d'un droit nouveau, qui n'admettra aucune exclusion et qui, formulé dans une période de lassitude universelle de troubles et de guerre, empruntera nécessairement aux idées et aux besoins du temps un caractère d'impartialité et de grandeur morale qui lui assigne une longue durée parmi les générations.

Ne fît-il que sanctionner ce grand principe de justice distributive, ne fît-il que promulguer ce nouveau droit international, gravé déjà dans la conscience de tous les peuples européens, le Congrès se trouverait suffisamment justifié, et son rôle historique ne serait pas des moins glorieux. Mais est-il possible de formuler le droit nouveau sans détruire le droit ancien, sans prononcer la déchéance des traités de 1815, qui en ont été la consécration la plus saillante ?

En théorie, on serait tenté de répondre affirmativement. Le droit nouveau, tel que nous l'avons défini, tel qu'il est compris de tous, est au fond indépendant des traités ; il les domine, il les absorbe. Si, dans leurs conditions essentielles, les traités ne s'écartaient pas ouvertement du droit nouveau, ils pourraient donc être maintenus, sauf à être atténués sur certains points ou modifiés dans les détails. Sanctionnés par tous, ils rentreraient pleinement dans le nouveau droit, et ne seraient plus comme aujourd'hui des causes incessantes de récriminations et de discorde diplomatique.

Mais nous convenons volontiers que dans la pratique il ne saurait en être ainsi, et que la promulgation du droit nouveau entraînera positivement, sans qu'on puisse l'éviter, la complète révision, et par conséquent la déchéance des traités de 1815. Ces traités ont été faits, ne l'oublions pas, non seulement contre l'Empereur Napoléon, mais également contre la France ; et, bien que, de l'aveu de l'Autriche elle-même, « ce qu'ils contenaient de personnellement blessant contre l'Empereur ait été écarté définitivement et avec l'acquiescement général de l'Europe, » il est difficile d'admettre que la France consente jamais à les accepter purement et simplement comme bases fondamentales et rigoureuses des délibérations du Congrès. Sur ce point, la grande majorité des Etats secondaires, qui n'ont rien à gagner au maintien des traités, sera facilement entraînée. Restent donc les grandes Puissances.

VI

A les juger dans leur teneur générale, les réponses des Souverains manifestent deux grands courants d'idées et de volontés différentes. La plupart des Etats secondaires, qu'ils aient ou non participé aux traités de 1815, n'ont pas hésité à se placer en toutes choses au même point de vue que l'Empereur Napoléon III, et ont donné, sans réserves ni conditions, leur pleine adhésion à la réunion du Congrès. Plus circonspectes, les grandes Puissances, et derrière elles quelques Puissances secondaires habituées à se plier à leur politique, ont voulu connaître, avant de s'engager, « quelles étaient les conditions qui devaient faire l'objet d'une entente et les bases sur lesquelles cette entente aurait à s'établir. »

Seules, l'Angleterre et l'Autriche à sa suite, se sont placées résolument hors de ces deux grands courants et ont refusé leur concours.

On conçoit que le Gouvernement français n'ait rien à répondre aux Princes qui ont adhéré sans arrière-pensée à la réunion du Congrès et qui, dans la spontanéité de leur impression première, ont offert, les uns d'envoyer des délégués, les autres de venir en personne. C'est un résultat acquis, dont la France n'a qu'à se féliciter. Quant aux explications demandées par les grandes Puissances et données par le Gouvernement français, nous n'avons sollicité ni reçu aucune confidence ; mais est-il bien difficile d'en déterminer le sens ?

Remarquons d'abord, comme l'ont fait la plupart des publicistes, que tous les Souverains, sans exception, conviennent, avec l'Empereur Napoléon, « que les sociétés européennes sont dans un état maladif et précaire, et que la paix du monde est compromise par des questions redoutables, qui réclament une solution, et par des aspirations, dont il faut tenir compte. » Remarquons en second lieu que tous les Souverains s'empressent de déclarer « qu'il n'y a pas de plus généreuse et plus grande pensée que celle de prévenir, par de sages transactions, des conflits d'où peuvent sortir des guerres générales, et de substituer enfin une paix désarmée et féconde à la paix armée qui ruine les gouvernements et les peuples. » Remarquons enfin que tous les Souverains, même les plus réservés à l'endroit du Congrès, reconnaissent « que les traités sur lesquels repose, depuis 1815, l'équilibre des Etats européens ont reçu de profondes atteintes, » et conséquemment que ces traités n'ont plus la même valeur et la même autorité qu'au moment de leur apparition.

Qu'on nous permette de ramener à une expression plus nette les aveux et déclarations qui précèdent. Voici, si nous ne nous trompons, ce que tout cela veut dire : L'Europe, troublée ou menacée à chaque instant par des luttes fratricides, traverse une période de laborieux enfantements. — Les principes qui servent de règle à sa politique générale, les traités qui servent de bases aux relations internationales de ses peuples, sont incomplets, sont inefficaces pour assurer la libre et paisible transformation de ses institutions séculaires ou la sécurité de ses territoires. — L'idée formulée et lancée dans le monde par Napoléon III est littéralement une idée mère, une idée génératrice, une idée providentielle, d'où peut jaillir, si l'on s'y prête, d'où jaillira tôt ou tard le repos dont elle a besoin, la paix qui est sa fin suprême et son salut. Tout cela est vrai, tout cela est logique.

Pourquoi les conclusions de ce raisonnement rigoureux ne sont-elles pas identiques ? Pourquoi les grandes Puissances, arrivées à ce point, se séparent-elles des Etats secondaires? Pourquoi même ne s'entendent-elles pas entre elles pour exprimer les mêmes réserves, pour demander les mêmes explications ? Pourquoi? C'est bien simple. C'est que chacune d'elles a des intérêts distincts et différents ; c'est que chacune d'elles se trouve placée, en présence des traités de 1815, dans une situation délicate, qui engendre des défiances mutuelles; c'est enfin que chacune d'elles redoute, en acceptant sans restrictions la réunion du Congrès, de se trouver isolée ou mal soutenue dans ses prétentions. Il ne faut point chercher d'autres motifs.

Ainsi, aucune réponse ne songe à nier l'efficacité du Congrès, s'il parvient à se réunir; aucune ne nie son opportunité, en présence des graves difficultés qui agitent l'Europe. Mais toutes les réponses avouent ou laissent percer des préoccupations directes ou personnelles, dont la cause est assez apparente pour être saisie par les moins clairvoyants.

C'est ici précisément que nous attendent les praticiens de l'Angleterre. Ils se seraient certes bien gardés de laisser passer une aussi belle occasion de montrer leur savoir-faire. Edifiés de source certaine sur les embarras de la politique européenne, connaissant ou devinant les loyales et généreuses intentions de la France aussi bien que ses susceptibilités, et voulant donner un corps à toutes les défiances, à toutes les réserves, à tous les sentiments secrets qui peuvent se traduire en résistances, ils ont lancé les traités de 1815 au milieu de l'arène, comme une barrière infranchissable ; puis, se tenant ironiquement hors de la lice, ils ont déclaré le Congrès irréalisable et l'ont traité d'utopie, se lavant les mains de ce qui allait advenir !

VII

Écoutons leurs affidés : « Admettons, disent-ils, que la France soit parvenue à persuader les Princes, qu'elle les ait séduits. Le Congrès est réuni, les Souverains sont en présence, leurs délibérations ont consacré le principe supérieur; le droit nouveau de l'Europe est formulé dans ses prescriptions générales et futures. Jusqu'ici tout est bien, tout s'est passé à merveille. Mais l'ordre du jour appelle l'examen, la révision de ces malencontreux traités, dont vous avez proclamé la déchéance, car après tout il faut bien qu'on y vienne. Que va-t-il arriver ? Vous figurez-vous la contenance des signataires, lorsqu'ils verront leur œuvre démen-

telée et gisante à leurs pieds? Vous figurez-vous la stupeur des
plus compromis, lorsqu'il leur sera demandé compte de la viola-
tion des clauses les plus essentielles? Pensez-vous que des Souverains, soigneux de leur dignité, veuillent s'exposer de gaieté
de cœur à de pareilles humiliations?

« Et qui aura d'ailleurs l'esprit assez lucide, la main assez
sûre, pour démêler, pour classer à la satisfaction de tous les articles tombés en désuétude, ceux qui n'auront reçu aucune atteinte, ceux qui ont été et sont encore l'objet de protestations
légitimes, les articles en un mot qu'il faut rayer, ceux qu'il faut
maintenir, ceux qu'il faut modifier? Qui aura le cœur assez
haut placé pour séparer le juste de l'injuste? Qui sera assez dé-
sintéressé, qui aura assez d'autorité pour faire accepter sans
murmures, pour faire sanctionner, sans méconnaître aucun droit,
les faits nouveaux qui se sont produits depuis cinquante ans, à
l'ombre ou à l'encontre des traités? Quel sera l'initiateur privi-
légié, quel sera le rédacteur de ce traité de paix universelle? »

Tel est le langage qui a cours dans les cercles politiques, tel
est le raisonnement que commentent et propagent avec complai-
sance toutes les mouches du coche et tous les hommes d'État
en herbe, qui s'adjugent le sens politique par la seule raison
qu'ils ont surpris par hasard une opinion toute stéréotypée, qui
communique aux colporteurs un certain cachet d'importance
personnelle. Et ils ne manquent pas d'ajouter, en se donnant des
airs de moralistes : « Les Rois sont des hommes comme nous !
Les croyez-vous exempts d'ambition, les croyez-vous rebelles à
l'entraînement des passions? Chacun d'eux voudra prendre,
chacun d'eux voudra s'agrandir ; nul ne consentira à rendre et
à se rapetisser. Les intérêts ou les susceptibilités des peuples
étoufferont dans le cœur des Princes la voix de la justice et de la
modération. »

Disons bien vite que nous avons une plus haute idée de l'équité
des Princes. Si à nos yeux ils sont des hommes comme nous, au point
de vue de l'égalité chrétienne, nous admettons volontiers, sans
que notre orgueil ait à souffrir de cet aveu, que, dans la haute
sphère où ils sont placés, ils aient d'autres perceptions que les
nôtres, nous admettons que leurs passions obéissent à d'autres
mobiles, que leurs ambitions embrassent d'autres horizons. Ceux
qui ont charge d'hommes devant Dieu et devant la postérité ne
sauraient résolument bronzer leur cœur et fermer leurs oreilles
ou leur intelligence aux appels de l'honneur et de la raison.

Disons bien vite que nous avons foi dans la logique des Princes.
Nous concevons facilement que quelques-uns hésitent à prendre
d'emblée un engagement positif; nous concevons à la rigueur
que quelques autres s'abstiennent d'apparaître au Congrès, s'ils

ont de bonnes raisons à alléguer ou s'ils nourrissent, selon l'expression du discours impérial, « de secrets projets qui redoutent le grand jour. » Mais, si une fois les Souverains ont admis la nécessité du Congrès, s'ils se sont décidés à y assister, s'ils y assistent, on peut affirmer hautement, sans crainte d'être démenti, qu'ils se seront déterminés d'avance à accepter, sans réticences ni réserves comme sans ambition, toutes les conséquences de leur résolution ; on peut affirmer que leur conscience se sera prémunie, au nom des grands intérêts qu'ils représentent, contre les susceptibilités de l'amour-propre personnel et surtout contre les irritations et les profondes inimitiés que prévoient les praticiens.

Disons bien vite enfin que, dans toute agrégation d'hommes, les rôles sont presque toujours naturellement distribués, ou par le caractère des individus, ou par leurs aptitudes, ou par leur position, et que l'influence, la prépondérance, appartient sans conteste ou aux plus dignes ou aux plus capables, quelquefois, il faut le dire aussi, aux plus habiles ; mais, dans ce dernier cas, l'assentiment unanime ou les suffrages de la majorité légitiment l'habileté. S'il y a à prendre la parole, la masse s'abstient devant les plus éloquents ; s'il y a à formuler une décision, ceux qui sont le plus rompus aux affaires ont la priorité de fait ; s'il y a plusieurs intérêts en présence, les moins intéressés se tiennent instinctivement en réserve et cèdent le pas à ceux qui ont l'intérêt le plus direct ou le plus considérable. La haute dignité des Souverains ne saurait les affranchir de ces règles usuelles de toute assemblée délibérante.

Ce n'est donc point là précisément que gisent les difficultés. Cherchons ailleurs.

<h2 style="text-align:center">VIII.</h2>

Quelles sont les véritables pensées des praticiens, quelles sont les secrètes résolutions de ceux qui refusent nettement leur adhésion au Congrès et qui, le traitant d'utopie, n'en font pas moins tous leurs efforts pour amonceler les obstacles, comme si une utopie avait besoin d'aussi rudes combats ?

Nous savons d'abord qu'ils ne veulent pas la guerre ; ils l'ont assez dit, et dans leurs banquets, et dans leur meetings, et dans leurs journaux, et dans toutes leurs communications. Mais entendons-nous bien sur ce point. Ils ne veulent pas la guerre, c'est-à-dire une guerre où ils auraient à remplir un rôle actif et ouvertement dessiné : « Le sang de l'Angleterre n'appartient qu'à l'Angleterre ; » disent les plus prononcés, en parodiant une parole démeurée célèbre, que Casimir Périer laissait tomber de la tribune à propos de la France. Ils ne veulent pas la guerre, mais ils ne se font faute de susciter chez leurs voisins des malentendus, des irritations, des conflits et des troubles qui amènent la guerre. Ils ne veulent pas la guerre chez eux et par eux, mais ils la veulent chez les autres. Ne pouvant y réussir pour le moment, ils se déclarent partisans de la paix à tout prix.

Ils veulent la paix ! Mais entendons-nous sur ce second point. Ils veulent la paix, c'est-à-dire une paix dictée par eux, faite par eux, une paix rehaussant leur influence et leur laissant à l'occasion le droit de s'immiscer dans les affaires du Continent. Quant à la paix venant d'ailleurs, de la France par exemple, surtout au moment où ils croyaient avoir joué à leur cordiale alliée un tour de leur façon, oh ! cette paix-là les prend à l'improviste et les désarçonne. Ils n'osent pas dire carrément qu'ils n'en veulent pas, malgré leur habitude de tourner court ; ce serait perdre brusquement tout le fruit d'une longue et savante campagne. Mais laissez-les faire, leur vieille habileté leur inspirera une résolution suprême et, vienne une solennelle manifestation de l'esprit de progrès et de concorde, ils diront simplement qu'ils s'abstiennent.

Ils s'abstiennent ! Entendons-nous encore sur ce troisième point. Quelle est la signification commune de ce mot, en matière de diplomatie usuelle, si ce n'est se retirer d'un débat, refuser de prendre part à un acte, en s'interdisant bien entendu de gêner l'action d'autrui, en observant une scrupuleuse neutralité ? Est-ce bien là l'abstention que comprennent les praticiens, est-ce celle dont ils nous donnent l'exemple en ce moment ? De quel nom l'appeler cette abstention, qui se place résolument entre le repos de l'Europe et un sentiment de rivalité mal déguisée, entre l'accomplissement d'une œuvre de modération et de justice dont un concours loyal eût amené la prompte solution, et l'effusion du sang, que toute hésitation rend plus terrible d'heure en heure ? De quel nom l'appeler cette abstention, qui ne propose rien pour sortir d'un statu quo impossible et qui, loin de garder la neutralité, cherche partout des imitateurs, évoquant les questions les plus irritantes pour mieux aboutir à ses fins, et se félicitant des embarras qui viennent d'elle ?

Les praticiens de l'Angleterre ne veulent par la guerre, ils veulent la paix, soit. Mais ils s'abstiennent, nous ne les comprenons plus, ou plutôt nous ne les comprenons que trop, car leur langage, quelque calculé qu'il soit, a la transparence d'une glace sans tain, on voit au travers.

Nous serions-nous trompés en traduisant comme suit leur pensées secrètes ? « La politique traditionnelle de l'Angleterre se prête peu à des règles positives, qui, en accaparant les événements, tendraient à limiter son action ou, pour parler plus exactement, mettraient un terme à ces soubresauts inattendus qui étonnent et déconcertent si souvent le Continent, condamnant désormais les habiles à la stérilité perpétuelle. — L'Angleterre est trop sûre d'elle-même et trop expérimentée, elle est trop fière pour se résigner à un rôle subalterne dans les grands conseils où se décident les destinées des nations ; ses précèdents lui créent des droits ou du moins des prétentions légitimes, dont elle ne saurait se départir sans déroger. Périsse plutôt le Continent que la suprématie de l'Angleterre ! — Isolée au milieu de l'Océan, l'Angleterre a d'autres intérêts que le reste de l'Europe, et les nécessités de son commerce, la protection de ses nationaux, le prosélytisme de ses agents, la prospérité de ses colonies et leurs soulèvements par-ci par-là, placent bien souvent la Reine des mers hors du concert européen ; elle a donc besoin de conserver son indépendance éventuelle. »

Si les praticiens anglais venaient à nous avec cette rude franchise, nous n'aurions qu'à nous incliner devant leur froide raison. Ils seraient dans leur rôle logique, comme la France est dans le sien en conviant l'Europe au développement de la civilisation par la concorde et la justice. Mais pourquoi colorer un refus de concours, profondément médité, de paroles à double entente ? Pourquoi, lorsqu'on est décidé à s'abstenir quand même, faire intervenir benoîtement la grande voix de l'humanité, ce souffre-douleur perpétuel de la politique militante ? Pourquoi faire apparaître dérisoirement la guerre, la guerre plus inévitable et plus effrayante que jamais, au seuil même d'un Congrès qui a précisément pour but la consolidation de la paix ? Pourquoi évoquer des traités, dont on faisait naguère si bon marché, et éveiller, à leur endroit des susceptibilités inquiètes ? Pourquoi se laisser deviner, lorsqu'il eût été de bon goût, lorsqu'il eût été véritablement noble et fier de dire hautement sa pensée ?

IX

Ah ! vous vous abstenez, parce que vous voulez la paix, vous vous abstenez pour ne pas aboutir à la guerre, et vous vous retranchez commodément, au nom de vos intérêts, au nom de la sécurité de tous, au nom de l'humanité dont vous avez pris la cause en mains, on sait comment, derrière un statu quo qui n'est que le désordre et la confusion, qui n'est autre au fond que la guerre, et vous vous y cramponnez si solidement que votre ténacité, étayée de votre renom d'habileté, donne un corps aux hésitations et menace de faire sombrer le vaisseau pacifique de la France !

Eh bien ! Que penseriez-vous si, pour réaliser ce que vous appelez dédaigneusement une glorieuse utopie, si, pour donner le repos à l'Europe et aux sociétés ébranlées la stabilité dont elles ont soif, si, pour faire triompher malgré vous une cause juste et grande, la France empruntait momentanément votre manière de faire ? Que penseriez-vous si elle tenait à l'Europe le langage suivant ?

« La France reconnaît que le Congrès, quel qu'en fût l'esprit, serait aussi impuissant que l'a été la diplomatie pour donner satisfaction à tous les droits et à toutes les prétentions, si ces droits n'étaient réglés à l'avance, si ces prétentions n'étaient écartées ou modérées par des conventions partielles et antérieures. Il n'y a donc, à ses yeux, aucun inconvénient à admettre en principe : Que ce qui a résisté au temps, que ce qui est encore debout des anciens traités, de l'ancien droit, sera maintenu ; que ce qui a été consacré par une longue possession incontestée sera ratifié ; que ce qui est, à l'heure qu'il est, l'objet de protestations légitimes et énergiques sera scrupuleusement examiné et réglé, dans la mesure de chaque droit, sauf à établir des compensations suffisantes. On remettrait à une guerre générale le soin de trancher les questions en litige, qu'on n'aurait pas autre chose à faire, qu'on ne ferait pas autre chose. Mais on aurait à regretter amèrement le temps perdu, le sang versé, les sacrifices accomplis, les rivalités et les dissentiments fatalement perpétués, et la prospérité des nations interrompue, si ce n'est compromise pour une période entière. »

Que penseriez-vous enfin si, abandonnant ces généralités pour prendre corps à corps chaque question irritante et l'envisager au point de vue exclusif dè son propre avantage, la France entrait en arrangement préalable avec les Souverains qui lui ont demandé des explications, avec ceux que votre exemple et vos obsessions secrètes ont mis en défiance contre elle, et si elle promettait formellement à chacun d'eux, pour la conclusion définitive des débats engagés, son influence dans le Congrès et les voix de ses adhérents sans conditions ?

Répondez : Estimez-vous qu'il soit interdit à la France de tenir à l'Europe le langage que nous venons de faire entendre, et de faire à chaque Prince les concessions que lui commandent ses propres intérêts ? Estimez-vous qu'il soit interdit aux Souverains de se montrer touchés de la modération de la France et de se laisser gagner par la loyauté de ses déclarations ? Estimez-vous enfin qu'il soit réellement impossible, si la France le veut bien, de mettre d'accord le promoteur du Congrès, qui réclame, au nom du pays qu'il gouverne, la déchéance des traités de 1815 et celles des grandes Puissances, qui, ayant signé ces traités, demandent qu'ils soient pris comme bases fondamentales des délibérations du Congrès?

Et, lorsque les susceptibilités nationales auront été écartées, lorsque les intérêts légitimes ou indestructibles auront été consolidés par des promesses et des garanties mutuelles, serait-il imprudent d'espérer, serait-il téméraire d'affirmer que la parole de la France sera prise pour ce qu'elle est, et que la confiance des Souverains fera chanceler toutes ces hésitations qui vous comblent de joie? Comptez-vous pour si peu, d'ailleurs, les accommodements de la dernière heure?

Si tout cela se fait, et tout cela peut se faire avec le temps, et tout cela se fera, s'il plaît à Dieu, répondez la main sur la conscience : Le Congrès sera-t-il une utopie?

X

Poursuivons notre raisonnement, car nous n'avons pas tout dit. Lorsque l'Empereur vous a conviés, comme les autres Puissances de premier ordre, à un Congrès pacifique, il comptait à la fois sur votre grande intelligence des affaires et sur cet amour du progrès et de l'humanité, qui est en quelque sorte stéréotypé sur vos lèvres; il comptait aussi, il faut le dire, sur cette courtoisie de relations qui est le premier fondement des alliances cordiales. Se serait-il trompé?

Que vous demandait-il d'ailleurs? Faisait-il appel à votre désintéressement? Vous engageait-il à déposer sur l'autel de la concorde européenne les clefs de [ces places fortes qui vous servent d'étapes sur la grande route des mers? Attendait-il de vous quelque sacrifice, quelque renonciation retentissante, quelque nouvel abandon d'un Protectorat aussi lourd pour vous-mêmes que gênant pour les autres? Non.

Mais il a pensé que l'échec diplomatique que vous venez d'éprouver, ainsi que lui, vous avait donné à réfléchir; que vous aviez dû être frappés, comme il l'a été lui-même, de l'imprévoyance et de l'impuissance du vieux droit public qui régit l'Europe; que, par suite, vous seriez logiquement disposés à élaborer avec lui, à constituer un droit nouveau. Il a pensé que la guerre était, en politique, une arme à double tranchant, qui blessait quelquefois le vainqueur autant et plus que le vaincu ; et, à entendre votre langage, il a dû croire que vous étiez du même avis. Il a pensé enfin que, si quelques hésitations se manifes-

taient, que, si quelques intérêts trop vifs imposaient silence à
la raison, vous seriez là, à ses côtés, pour dissiper les inquié-
tudes ou pour faire parler la nécessité, comme tout bon allié
doit le faire, comme il l'eût fait à votre place.

Votre abstention, votre refus, votre défection, disons le mot,
puisque, non contents de dénier votre concours à un allié, vous
cherchez à ruiner dans l'opinion l'idée de l'Empereur, qui,
est devenue l'idée de la France, puisque vous faites à cette idée
une guerre de tirailleurs, puisque vous entraînez les résolutions
de l'Autriche, puisque vous vous en réjouissez, votre défection
a été pour ceux qui avaient foi en vous une désillusion, elle a
été pour tous un enseignement. Prenez garde ! La désillusion
engendre la tiédeur, et la tiédeur est le linceul des alliances
cordiales, aussi bien entre les nations qu'entre les individus.

Au fait, vous vous êtes abstenus. Mais est-ce à dire que la
pensée de l'Empereur se soit fourvoyée, parce que votre attitude
semble lui donner un démenti? Et la France serait-elle condamnée à se retirer de l'arène et à s'avouer battue, parce que
vous lui faussez compagnie, parce que vous avez recruté ou
comptez recruter encore des adhérents d'abstention? Ce serait de
votre part une étrange supposition ! L'Empereur poursuivra son
œuvre, gardez-vous d'en douter, et parce que c'est pour l'Europe une solution, et la seule, et parce que sa dignité et la prépondérance de la France sont au bout du succès.

XI

Deux voies se présentent après le refus de l'Angleterre :
L'une immédiate mais indirecte, l'autre générale mais moins
prompte. L'une est « le Congrès restreint, » c'est le nom qu'on
lui a donné; l'autre est « le Congrès continental, » c'est le nom
que nous lui donnons.

Qu'entend-on, que doit-on entendre par Congrès restreint?
Est-ce la restriction du nombre des questions, est-ce la restriction du nombre des membres? Selon nous, cette double définition, qui est également exacte sous l'empire du vieux droit
européen, ne saurait s'adapter ni à la multiplicité ni à l'importance des questions pendantes, ni à la dignité des Souverains,
généralisée et solidarisée, avec l'assentiment de tous, par l'Empereur Napoléon. Le Congrès restreint, puisque l'on paraît
tenir à ce nom, ne saurait être pour le moment qu'un « Congrès
provisoire, » groupant autour de la France tous les Souverains
qui ont répondu spontanément à la lettre impériale, tous ceux

qui, voulant sincèrement la paix et le progrès, ont eu foi dans l'initiative et la loyauté de la France, et s'unissent à elle sans arrière-pensée, afin de chercher de concert les moyens de réaliser le repos de l'Europe. Hors de cette dernière définition, nous ne voyons guère comment on pourrait appliquer avec justesse l'expression de Congrès restreint.

Le Congrès restreint offre cet avantage qu'il peut se passer de préliminaires et se réunir au moment même sans préparation aucune. Les questions viendront à lui dans leur ordre d'urgence ou de convenance ; les débats irritants seront écartés, ou par l'absence d'intérêt direct, ou par l'intention fermement arrêtée d'arriver à des solutions pacifiques. Entre gens qui veulent étudier et résoudre la forme ne saurait emporter le fond.

Mais, au point de vue de la haute mission d'harmonie européenne et de paix stable que nous avons dessinée, le Congrès restreint présente cet inconvénient que ses délibérations n'engagent que les membres présents, et que ses résolutions effectives ne peuvent entraîner obligation que lorsque les parties intéressées auront été appelées, auront consenti à débattre et à contracter. Envisagé en lui-même, il faut le dire, le Congrès restreint est plutôt une assemblée de médiateurs qu'une assemblée de contractants.

Si l'on veut se rendre compte de son influence immédiate, on ne peut s'empêcher de reconnaître que le Congrès restreint ne saurait avoir, dans la succession des assemblées diplomatiques, d'autre caractère qu'une multitude d'autres congrès partiels, dont l'histoire a conservé le souvenir. Il peut régler certains points en litige, mettre fin à certains débats, offrir sa médiation aux Puissances belligérantes, être assez heureux peut-être pour faire cesser les hostilités, grouper en communauté d'idées et d'actes un certain nombre d'États disséminés sur la surface du Continent européen, fournir par là un point d'appui, un corps saisissable à ceux qui auraient des griefs ou des réclamations à faire valoir, et tout cela sera un bien. Mais le congrès restreint sera nécessairement impuissant pour épurer le vieux droit de l'Europe, pour sanctionner, pour promulguer un nouveau droit public, pour asseoir sur des fondements stables l'harmonie générale et la paix de l'avenir.

Cependant, dans cette sphère forcément limitée, l'action du Congrès restreint peut être salutaire et réellement efficace; car ses résolutions, déjà obligatoires pour ses propres membres, peuvent conquérir des adhésions, être acceptées par les parties directement intéressées, et devenir ainsi peu à peu, par la force des choses, le lien et la raison d'être originelle du Congrès universel, couronnement suprême de l'édifice.

A tout prendre, réuni dans les conditions éminemment conciliantes et civilisatrices de la lettre impériale, le Congrès restreint apparaît comme un commencement d'exécution, comme un symptôme significatif des aspirations les plus saines des sociétés modernes. Sous ce double rapport, tous ceux qui tiennent à l'ascendant moral de la France, tous ceux qui ont à cœur le repos et la prospérité de l'Europe, tous ceux qui se font les champions du progrès humanitaire, doivent donc appeler sa réalisation de tous leurs vœux.

XII.

Quant au Congrès continental, il n'est besoin de longs commentaires pour définir son but et sa portée. C'est la concentration de tous les intérêts similaires; c'est l'équilibre de tous les territoires qui ne sont séparés que par des frontières nominales; c'est la réunion de tous les Princes qui désirent avoir une règle de conduite positive et incontestée pour couvrir leur responsabilité, des Princes qui veulent la stabilité de leurs États sans avoir à s'en préoccuper à chaque instant, des Princes qui sont soucieux de développer librement et sans soucis intérieurs le bien-être et la prospérité de leurs peuples, des Princes qui ne suspendent pas leurs résolutions politiques à l'imprévu des événements ou à l'infinie mobilité des flots; c'est, en un mot, l'union générale et permanente, la solidarité morale et pratique de tous les Souverains et, par eux, de tous les peuples du Continent européen.

Nul de nous, Dieu nous en préserve! n'eût osé formuler, n'eût osé propager surtout une semblable idée, en pleine ferveur d'alliance cordiale. Le caractère français eût fait justice, dès le premier éveil, d'une pareille énormité. Aussi l'idée du Congrès continental n'est-elle pas née en France; c'est sur vos rivages qu'elle a pris naissance, elle a passé la Manche, elle nous est venue de vos plus patriotiques citoyens.

N'est-ce pas vous qui nous avez répété à satiété que vous étiez une Puissance maritime, que vos plus grands intérêts siégeaient au delà des mers, que vous ne pouviez déplacer brusquement ou disséminer vos flottes, quelque innombrables qu'elles soient, pour répondre aux appels incessants de vos plus proches voisins; que, par suite, vous ne pouviez avoir pour les débats qui agitent le Continent que des regards distraits, vos préoccupations à cet égard devant se mesurer à la fois à l'immensité de votre amour pour le progrès humanitaire et à l'immensité de vos entreprises commerciales et politiques? N'est-ce pas vous qui, pour vous abriter de tout contact, avez, en pleine paix, hérissé vos côtes de forteresses inexpugnables, de canons et de miliciens? N'était-ce pas dire à la France, à l'Europe entière, comme le Sénat, le premier de nos corps constitués, l'a reconnu ces jours derniers, que vous avez d'autres perceptions et d'autres visées que le continent; que vous voulez désormais vivre isolés, par vous et pour vous, au milieu des flots de l'Océan? De là au Congrès continental il n'y a qu'un pas.

Et encore eussions-nous patienté quelque temps, quelques années peut-être, si vous n'aviez pris plaisir à briser un à un tous les chaînons qui nous attachent à vous, si votre refus de nous suivre, de nous aider dans une œuvre désintéressée et civilisatrice, si votre défection au moment décisif ne nous eût fourni une occasion solennelle de nous isoler à notre tour et à notre façon.

Ah! vous voulez vous isoler de la France, vous voulez réserver éventuellement votre pleine liberté d'allures, vous voulez naviguer fièrement hors du concert européen, entre le ciel et l'eau, pour voir plus à votre aise d'où souffleront les vents, libre à vous! Mais souffrez alors que, de son côté, le Continent se retire de vous et fasse lui-même ses affaires. Quoi de plus logique et de plus éminemment pratique?

Avouez toutefois que ce sera un spectacle original, quoique affligeant pour les cœurs sincères, que celui de ces deux isolements juxtaposés; que celui de ces deux civilisations marchant hors de parallélisme; l'une graduellement progressive, l'autre variable et incertaine, que celui de ces deux droits rivaux, l'un maritime et facultatif, l'autre continental et inflexible. Mais ce n'est pas nous, précisons bien ce point, c'est vous qui l'aurez voulu; la responsabilité ne saurait nous atteindre.

Ce n'est point que la réalisation du Congrès continental ne soit exposée à rencontrer des obstacles. S'il est difficile de convaincre les gens qu'ils ont tort, il n'est pas moins long quelquefois de leur démontrer qu'ils doivent avoir raison. Mais l'idée, une fois lancée dans le monde, fera son chemin, et elle prévaudra tôt ou tard par la logique des situations. Las de chercher dans le vide des solutions éphémères qui leur échappent bien souvent avant d'être saisies, les Souverains du Continent, même les plus rebelles, finiront par se rallier à la pensée de l'Empereur, et le Congrès continental deviendra alors une réalité.

Il ne saurait être dit qu'un Gouvernement, quel qu'il soit, fût-il le plus habile, puisse s'adjuger, comme un monopole de fait, la prétention de régenter ou de contre-carrer l'Europe, pour le triomphe exclusif de ses propres intérêts matériels, sans avoir lassé la longanimité des Souverains. Bien que vous ayez exercé impunément, pendant près d'un siècle, cet étrange monopole, il n'est pas encore admis, Dieu merci, comme un axiome social !

XIII

« L'heure est vraiment bien choisie pour parler du Congrès continental ! » vous écrierez-vous triomphalement. « Ne voyez-vous pas que l'Autriche s'est retirée de vous et qu'elle refuse net de s'associer à vos vues? L'Autriche est avec nous, et son refus entraîne nécessairement celui des États germaniques qui suivent sa fortune. Comment ferez-vous votre Congrès continental sans l'Autriche? Comment vous passerez-vous d'elle? Votre idée n'a pas le sens commun ; elle est encore plus irréalisable, elle est encore plus utopiste que le Congrès général de l'Europe. Avec nous, le Congrès européen eût été possible ; sans l'Autriche, le Congrès continental est mort avant d'être né. » Attendez, s'il vous plaît !

Nous n'avons point dit que le Congrès continental fût une idée tout à fait mûre, nous nous en sommes bien gardés ; nous connaissons trop bien vos traditions dissolvantes pour nous en être flattés un seul instant. Mais nous avons dit ou pensé, ce qui revient au même, car ce que nous pensons en politique nous aimons à le dire, que les idées justes et saines, une fois formulées, creusaient leur lit dans les consciences d'abord et ensuite dans les esprits, qu'elles ne revenaient jamais en arrière, qu'elles se transformaient inévitablement en résolutions à leur heure providentielle, et que cette heure ne se faisait attendre quelquefois que pour rendre le succès plus irrésistible et plus éclatant.

Nous avons dit que l'Europe continentale, lasse et effrayée de l'instabilité et de l'inefficacité de ses constitutions diplomatiques, finirait par comprendre que la politique égoïste et éventuelle, dont vous êtes l'expression, la laisse exposée sans contre-poids aux surprises des événements et aux aventures, et que la proposition d'un Congrès pacifique, sans exclusion de Souverains, bien qu'elle n'y fût pas suffisamment préparée peut-être, lui était apparue tout à coup comme une révélation anticipée de sa stabilité et de sa grandeur morale.

En quoi le refus de l'Autriche peut-il contrarier la justesse de notre idée, en quoi peut-il infirmer la portée de notre raisonnement? Si lente d'ordinaire à s'expliquer et poussée sans doute hors de ses vieilles ornières par votre influence, l'Autriche s'est trop hâtée de prendre un parti ; voilà tout.

Mieux inspirée par ses véritables intérêts, mieux pénétrée du rôle qui lui appartient dans les grandes assises du Continent, elle eût attendu, elle eût réfléchi davantage, et ses réflexions l'eussent mieux conseillée que ses rancunes. Mais il ne s'agit point de récriminer ; l'Autriche a fait ce qui lui a plu, le fait existe, elle a refusé. Que signifie ce refus ?

Prouve-t-il que l'Europe n'ait point des intérêts continentaux ? Prouve-il que vous ne soyez point placés volontairement, fièrement si le mot vous plaît mieux, hors de la sphère de ces intérêts ? Prouve-t-il qu'il n'y ait point à les examiner, à les résoudre sans vous, qui déniez votre concours et qui avez ailleurs vos préférences ?

Qu'y a-t-il de changé, si ce n'est que l'Autriche continentale s'isole du continent, sans que l'empire des mers puisse lui servir, comme à vous, d'excuse apparente ? Qu'y a-t-il de changé, si ce n'est que l'Autriche se retire, de propos délibéré, de tous ceux qui la touchent de près, de tous ceux qui ont des intérêts communs avec elle, de tous ceux qui, comme elle et moins qu'elle peut-être, ont besoin de concorde ; de tous ceux qui veulent régler leurs débats par la paix, de tous ceux enfin qui pourront, si la guerre éclate, lui demander un compte sévère de son abstention et de son isolement irréfléchi ? Qu'y a-t-il de changé, en un mot, si ce n'est que l'Autriche donne inconsidérément un démenti flagrant à sa conduite récente, et qu'elle abdique imprudemment son influence et sa prépondérance en faveur de la Prusse ?

Ah ! vous vous félicitez d'avoir fait une trouée, une large trouée dans le Continent ! Et vous croyez que tout est dit ! Et vous croyez que le refus de l'Autriche, en déconcertant nos espérances, en renversant momentanément notre système d'unité continentale, va nous réduire au silence et ruiner à tout jamais « la généreuse utopie » d'un droit pacifique et rationnel. Eh bien ! Vous avez compté sans notre conscience et sans notre amour-propre.

Notre conscience nous dit que nous sommes dans le vrai ; et votre refus, si net et si spontané, eût suffi au besoin pour nous prouver que nous avons frappé juste. Notre amour-propre nous dit que, plus les obstacles seront grands, plus nous aurons de mérite à triompher ; et, si le refus de l'Autriche nous afflige, il n'aura d'autre résultat que de nous piquer au jeu. S'il plaît à Dieu, ce n'est pas nous qui aurons à revenir sur nos résolutions.

XIV

Entendons-nous bien sur la valeur des termes. En vous isolant, en nous refusant d'emblée votre concours, vous avez parfaitement défini le caractère du Congrès proposé. Ce Congrès ne saurait être universel, ni européen ; il est continental dans toute la force de l'expression, et le refus de l'Autriche ne saurait lui ravir ce caractère, si les autres grandes Puissances se rallient à la France ; car, tôt ou tard, l'Autriche sera forcée de rentrer dans le concert continental, et elle aura alors le désavantage de ne l'avoir pas fait de bonne grâce et à la première heure. Certainement, le Congrès continental n'engage pas l'Autriche, tant que durera son isolement ; mais il gênera ses mouvements, il contre-carrera ses vues, ses relations, ses résolutions extérieures, et peut-être aussi le développement graduel de cette harmonie intérieure, qui est le but de toutes ses aspirations, l'objet de tous ses efforts.

Dans l'ordre naturel des choses, le Congrès n'est et ne peut être restreint. Après le refus de l'Angleterre, malgré le refus de l'Autriche, ce nom ne lui convient pas, si les Souverains qui ont demandé des explications se déclarent satisfaits et donnent leur adhésion. Dans ce cas, nous le répétons, le Congrès est et reste forcément continental, quoi que l'on fasse, et par la nature des intérêts qui y convergent, et par l'importance des décisions qui y seront prises, et par le nombre des Souverains qui y participeront, et par l'impossibilité radicale où se trouvera l'Autriche, si elle persiste dans son refus, de se mouvoir à son aise, dans le sens de ses propres intérêts, à travers des résolutions qui n'auront pas été les siennes.

La gradation est parfaitement indiquée : Congrès restreint, tant qu'il ne s'agira que des premiers adhérents ; — Congrès continental, dès qu'il s'agira de tous les Souverains du Continent, l'Autriche étant considérée comme une exception momentanée ; — Congrès européen, si après coup l'Angleterre revient sur son refus ; — Congrès universel, si les autres Puissances prépondérantes du Globe consentent tôt ou tard à accepter le nouveau droit de l'Europe.

Veut-on une autre hiérarchie? Il est permis de dire : Le Congrès restreint est le droit de la France, dans l'état actuel de la question ; — le Congrès continental est le droit du Continent, tant que durera le refus de l'Angleterre et des adhérents de sa politique ; — le Congrès européen est le droit de la civilisation, dont l'Europe porte le flambeau ; — le Congrès universel est le droit de l'humanité, qui ne reconnaît ni frontières, ni rivalités de races.

La porte est donc ouverte à toutes les résipiscences et à toutes les adhésions, quelque tardives qu'elles soient, avec cette seule restriction que les retardataires demeureront responsables, aux yeux de tous, des complications que leur abstention plus ou moins prolongée aura fait naître, et qu'en adhérant après coup à des résolutions prises en leur absence, ils ne devront logiquement s'en prendre qu'à eux-mêmes s'ils sont exposés à perdre cet ascendant moral qui revient à tout initiateur du progrès social.

Cette réserve faite, le Congrès prendra, à mesure que les adhésions se produiront, le nom qui lui appartient : Congrès restreint, dès le début, s'il le faut ; — Congrès continental, dès que les Puissances territoriales auront bien compris leur véritable intérêt ; — Congrès européen, quand il plaira à l'Angleterre ; — Congrès universel, quand il plaira à Dieu !

XV

Singulière époque que la nôtre !

Ébranlée jusque dans ses fondements, et par des guerres gigantesques, et par des révolutions incessantes, et par des transformations politiques sans lien apparent, et par des idées philosophiques et sociales dont elle cherche encore la formule, rivée au passé par ses traditions et ses intérêts, entraînée vers l'avenir par ses aspirations, lasse de perturbations sans issue, avide de repos et de justice, l'Europe demande à se recueillir, et elle prie le Dieu tout-puissant de lui envoyer la paix.

Parmi les nations, il en est une qui passe, à tort ou à raison, pour être la personnification de la guerre. C'est vers son ciel que les peuples lèvent les yeux, dès que l'Europe tressaille, afin de savoir s'ils doivent s'endormir ou s'ils doivent se mettre en fièvre. Cette nation, c'est la France ! Les physiologistes pourraient dire, sans se tromper, qu'elle est « le pouls de l'Europe, » tant la fréquence ou l'atonie de ses battements révèle avec précision les émotions ou la torpeur du vieux Continent !

Eh bien ! Cette nation, entre toutes belliqueuse et spontanée, cette nation de soldats qui ne se meut qu'aux éclats de la foudre, cette nation, illuminée d'un rayon d'en haut, se montre tout à coup rebelle à l'esprit des batailles. Dans un langage loyal et chevaleresque, dont l'histoire ne lui a jamais contesté le privilége, la voilà qui convie les peuples à la conciliation et à l'harmonie, la voilà qui convie les Souverains à une croisade pacifique, répondant par sa généreuse initiative aux vœux de l'Europe, et la débarrassant de ses terreurs les plus vives par son abnégation !

Parmi les nations, il en est une autre qui passe, aux yeux de tous, pour être la personnification de la raison positive. Toutes les fois qu'une agitation se produit, toutes les fois qu'un conflit surgit, toutes les fois que le patriotisme inquiet court aux armes. toutes les fois que les passions déchaînées foulent aux pieds les lois ou le droit des gens, regardez au fond, vous trouverez ses émissaires, vous compterez son or, vous reconnaîtrez sa main ; mais ne cherchez pas ses soldats, ils n'y sont point. L'Angleterre, vous devinez son nom, l'Angleterre ne se compromet point ouvertement, elle ne se bat point pour des idées et, si elle intervient dans les affaires d'autrui, ce n'est point pour y laisser quelque chose ; de tout cela elle se fait gloire.

Eh bien ! L'occasion était belle entre toutes, on en conviendra, de justifier cette renommée sans rivale ; l'occasion était belle de mettre dans la balance de l'Europe cette raison positive qui sert de conscience, cette habileté pratique qui fait payer jusqu'à ses conseils, et d'asseoir sa prépondérance sur des fondements indestructibles. Non. Juste au moment décisif où l'Europe haletante attend la lumière, rétrécissant tout à coup ses horizons et trompant sa renommée, cette nation se refuse, elle s'abstient ! Tant mieux ! disent quelques-uns, on y verra plus clair. Tant pis ! répondons-nous, car jamais les sociétés n'ont eu un plus grand besoin de concorde et de repos.

L'alliance intime, l'alliance cordiale de ces deux nations, qui n'était un secret pour personne, semblait offrir des garanties à l'Europe. Dans ce grand tournoi pacifique auquel elle est conviée, la France devait apporter son ardeur, qu'aucun obstacle ne décourage, et son désintéressement, qui ne recule devant aucun sacrifice ; l'Angleterre devait apporter sa présence d'esprit, qui résiste à toutes les séductions et à tous les entraînements, sa prescience des événements, qui défie toutes les surprises. Ce qui manquait à l'une, l'autre le possédait ; les deux nations se complétaient l'une par l'autre.

L'Europe, dont le repos était l'enjeu, était prête à battre des mains, elle n'attendait que le signal. Le signal a été donné, et la France, suivie de ses nombreux témoins, s'est présentée la tête haute dans la lice ; l'Angleterre a manqué à l'appel de son nom, à la grande confusion de l'Europe, et l'Autriche s'est chargée de cautionner son absence.

Ce n'est point tout. Non contente de manquer de courtoisie

envers une alliée qui laisse parler plus haut son amour pour le vrai que ses susceptibilités les plus légitimes, l'Angleterre a laissé tomber de ses lèvres dédaigneuses le mot utopie, afin qu'il fût ramassé par l'Europe et qu'il neutralisât ses résolutions.

Singulière époque que la nôtre, où les mots ne servent qu'à déguiser la pensée, où les alliances comptent pour si peu qu'on les sacrifie de gaîté de cœur à de puériles vanités ou à d'inavouables ambitions, où les événements, ténébreusement préparés, se déroulent en contre-sens des intérêts généraux, où l'Europe haletante va de soubresauts en soubresauts, sans pouvoir démêler, au milieu des courants qui l'entraînent, la voie qui doit la conduire au port !

XVI

Qu'est-ce donc qu'une utopie ?

Laissons parler le Dictionnaire de l'Académie : « On entend généralement par utopie un plan de gouvernement imaginaire, où tout est parfaitement réglé pour le bonheur de chacun. » Qu'a à faire, s'il vous plaît, cette définition, au sens vague et spéculatif, avec la réunion d'un Congrès, très-réel, très-vivant, où tous les Souverains sont convoqués en chair et en os, non pour régler le bonheur de chacun, œuvre surhumaine qui n'appartient qu'à Dieu, mais bien pour statuer, après mûr examen et d'après des vues d'ensemble, sur des questions positives d'intérêt matériel, que d'ordinaire on règle en détail et d'une manière imparfaite ou provisoire, sur des questions de vie ou de mort auxquelles demeurent suspendus le bien-être des peuples, le repos et la prospérité de l'Europe ?

« Mais, dites-vous, il y a utopie et utopie ; il y a l'utopie du rêve et l'utopie du fait, l'utopie irréalisable et l'utopie qui ne réussit pas. Oh ! si chaque Prince devait apporter, comme conditions du succès, la bonne foi, la modération, l'urbanité, l'amour du bien, le désir de la paix, il est clair que le Congrès deviendrait éminemment pratique ; mais cela ne peut être, et le Congrès reste alors ce que nous appelons l'utopie du rêve, l'utopie irréalisable. Si, au contraire, les plus influents apportaient, comme conditions dissolvantes, la morgue et l'ironie, le langage des passsions, l'égoïsme des intérêts, l'expérience des affaires, ce qui est inévitable, alors le Congrès ne saurait aboutir, et c'est ce que nous appelons l'utopie du fait, l'utopie qui ne réussit pas. »

Eh bien ! En présence des faits, cette distinction nous plaît.

Que voyons-nous ? D'un côté, l'énorme majorité des Souverains, qui est prête à se réunir et chercher de concert les moyens les plus efficaces pour arriver à ses fins ; de l'autre, une minorité presque imperceptible par le nombre, qui se tient à l'écart et refuse sa coopération. Que prouve cette double attitude ? Deux choses : C'est que l'énorme majorité ne croit pas à l'utopie irréalisable, et que l'Angleterre seule, menant l'Autriche en laisse, croit à l'utopie qui ne réussit pas.

Soyons plus précis. L'utopie ne tient pas à la pensée, elle tient à l'obstacle, et l'obstacle vient de l'Angleterre. C'est donc à elle que remonte l'utopie, si utopie il y a ; car ce mot, malséant en semblable occurrence, nous tient au cœur.

La question se pose d'elle-même : Si le Congrès européen est une utopie par le refus, par la volonté de l'Angleterre, le Congrès continental ne peut-il devenir une réalité par l'abstention, par l'exclusion d'une Puissance qui a d'autres intérêts et d'autres perceptions que le Continent?

L'Angleterre semble avoir pressenti la réponse de l'Europe ; car, au moment où l'on s'y attendait le moins et par un de ces revirements soudains dont elle a le secret et qui déconcertent la loyauté française, voilà que ses praticiens proposent, à grands renforts de notes, des conférences pour le Holstein et se rallient ouvertement, comme un pis-aller nécessaire, à la pensée du Congrès restreint !

Qu'est-ce à dire? Comptent-ils y prendre part? Dans ce cas, le Congrès restreint se changerait en peu de temps, et par la force des choses, en Congrès général, en Congrès européen. Comptent-ils toujours s'abstenir? Alors, le Congrès restreint ne tarderait guères, par la cohésion des intérêts similaires, à se changer en Congrès continental. N'y aurait-il aucune espèce de réunion, aucune espèce de Congrès? Cela est impossible dans l'état actuel des affaires, dans l'état actuel des traités, dans l'état actuel des esprits.

Nous défions les praticiens de sortir de ce triple dilemme.

FIN.